Patrick Aigner

Kartschevco

und Anderes aus der spirituell unkorrekten Ecke der
Küche

Herstellung und Verlag:
BoD – Books on Demand, Norderstedt
ISBN 978-3-8482-5440-8

Inhalt:

Könnt sein

Könnt sein
Leb ich hier
Könnt sein
Leb ich woanders auch
Könnt sein
Leb ich in einer Zeit
Könnt sein
Leb ich in ner andren auch
Könnt sein
Dass im Nebel
So mitten im Nebel
Die Bilder verschwimmen

Schneeweiß

Was immer auch gewesen ist, es ist vorbei. So reden die. So reden die, für die es nur ein Ufer gibt. Ein Ufer - und das Ufer heißt Sicherheit. Mir ist es gleich. Ich habe Angst. Angst, die größer ist als alles, was ich kenne. Macht nichts. Nichts ist vorbei. Heldenträume, Apfelkuchen, Sex. Nichts ist vorbei. Gar nichts. Ihr Spiel ist nicht tödlich, es ist von Anfang an tot. Ich fürchte mich. Ich fürchte mich vor meinem Totsein und vor dem ihren. Es ist sehr kalt. Sie haben Augen und ich weiß nicht warum. Sie sehen. Ich weiß nicht. Mir ist sehr kalt. Die Kälte könnte ein Beweis dafür sein, dass ich alles falsch gemacht habe. Sie haben recht. Die Toten haben letztlich recht behalten. Der Tote in mir kann aber nicht mehr siegen. Siegen wollen. Siegen wollen müssen. Manchmal zuckt er noch. Mir wird angst. Ich lebe unter den Toten und ich lebe unter den Lebenden. Ich habe Angst. Der Tod schreckt mich nicht. Mich schreckt die Vergeblichkeit. Sie zieht sich durch die Bilder. Alles nur noch schneeweiß. Die Toten scheinen zu leben. Gegen dieses Schneeweiß scheinen die Toten zu leben. Sie können nicht recht gehabt haben. Es ist völlig ausgeschlossen. Die Sonne, schneeweiß.

Jammern gegen den Uhrzeigersinn

Könnt' ich's halten, was ich fände
Sei's im Dunkeln oder Licht
Blieb gebunden, was ich bände
Wär' ich sichrer
Wär' ich ich
Doch so kann ich nie das bleiben
Was ich noch soeben war
Alle Wahrheit, die ich schreibe
Ist nicht für Sekunden wahr
Denn sowie den Satz ich schreibe
Hat geändert sich das Bild
Lügen kann nur der vermeiden
Der sich stets in Schweigen hüllt.

Selbst das Schweigen ist gelogen
Weils im Innern manchmal schreit
Bitter wird die Welt, das Menschsein
Weil sich nirgends Wahrheit zeigt

Für immer

Sie machen Nägel mit Köpfen, aber was ist mit ihren Kindern? Wir lachen nicht. Wir kennen das. Es beruhigt 1989, dass die Scheibe hinter der dicken Gardine in dieser Kneipe staubig ist. Es ist noch eine Beruhigung. Der Sommer ist noch nicht ganz in mir angekommen, doch ich fühle mich für ihn bereit. Tage sollen wieder Tage sein. In Nächte übergehen, in Tage übergehen. Ohne die Melodie zu verlieren. Die Melodie des Sommers? Es fällt nicht allzu schwer, zu sprechen. Stadtschenke heißt die Kneipe. Coburg heißt der Ort. Noch denken wir, wir proben für etwas. Etwas, das auf der wirklichen Bühne, in einer wirklichen Stadt, stattfinden wird. Die Stadt wäre Berlin. Wenn ich hier Namen und Städte nenne, könnte der Leser auf den Gedanken verfallen, ich meinte diese Städte. Dem ist nicht so. Die Städte tragen nur zufällig denselben Namen und lägen, wenn es geografisch zu beschreiben wäre, am selben Ort. So ist es nicht wahr, aber es kommt dem noch am nächsten.

Stadtschenke, Leopoldstraße. Viele tot. Viele weg. Manche da. Manche anders. Manche so herrlich gleich. Was auf die Städte zutrifft, trifft auf die Menschen ebenfalls zu. Sie heißen genauso, sehen genauso aus, geboren da, gestorben oder auch nicht. Jedenfalls dieselben. Anders. Der ersten Lüge bin ich schon freudiger Verkünder geworden. Das mit denselben Gesichtern ist nicht so. Es kann so nicht gesagt werden. Keine Fragen. Lothar, Rennrad, klein, John Lennon Brille. Ich kenne ihn nicht. Er ist wichtig. Nicht für die Geschichte. Für das Bild. Das Bild, die Stadt, die Zeit. Selbstverständlich ist die Zeit die zweite

Lüge. Sich nicht zu schade sein. Ein Teil des Bildes zu sein. Lügen, bis es wahr ist. Doch Lügen ist ein hartes Wort. Es ist immer wahr. Ich möchte gehen und bleibe doch. Der Kicker, ist er schon hier? Diesen Teil werde ich verlieren. Jahre werden vergehen. Nichts wird vergehen und ich war niemals dort. Aber wo war ich? Der Sommer hat mir noch nicht die Lügen meiner Winterangst aus der Seele gefressen. Wenn ich Angst bin, sind es keine Lügen. Bin ich Angst? Ist Angst der Grundstoff, aus dem ich geformt bin? Der Sommer behauptet das Gegenteil. Mit geschlossenen Augen im Freibad zu liegen. Viele Tage. Dann in die Stadt zu laufen mit der Sporttasche. Was verkündet da was? Sollte ich aus irgendetwas gemacht sein, das aus einem anderen Stoff ist, als dieser Sommer, aus einem anderen Stoff, als der abendliche Blick auf die Rosenauer Straße, ist es keine Angst. Habe ich zu irgendeinem Zeitpunkt in den letzten tausend Jahren etwas anderes gemacht, als hier entlang zu gehen? Was fühlt sich wahr an? Die Sporttaschen der Mädchen. Adidas blau. Ich liebe Gott wegen dieser Mädchen und damit ist es gut. Es könnte gar nicht anders sein. Wie kann man nur annehmen, dass in diesem Bild irgendetwas anders sein könnte? Das waren schon viele Tage Freibad, Sommerbad. Wie heilig doch die Welt.

Will raus

Will raus aus diesen Tiefen, die
Mir nichts bringen, als tot zu sein
Und flüchte wie ein Irrer stets
In bunt verlogne Welten rein
Doch niemals lässt er mich gewährn
Ob an der Theke, ob im Bett
Die Richtung seines Zuges nie
Sich ändert, schränkt nicht mal sich ein
Fährt weiter auf 'nem neuen Gleis
Tut so, als hätt ich nichts entschieden
Und deshalb sag ich unzufrieden
's könnt nie nicht Gottes Wille sein.

Dein Bild

Dein Bild verschwimmt
Hinter dem Grau
Die Seele Blech
Nicht mal mehr Eiseskälte
Erinnert leis' im zarten Violette
Ein Fremder sich
Wer es auch sei
Vielleicht bin's ich
Nicht

Eine unglückliche Liebe

Mein Leid, ich nahm dich nah zu mir
Und glücklich waren unsre Stunden
Verstand so schön die Welt mit dir
Die Welt, die mich geschunden

Mein Finger wusste so genau
Auf wen er hätt zu zeigen
Mein Kopf der war so furchtbar schlau
So traurig meine Geigen

Wenn dieser Gott
Den ich so hass
Nicht lachen tät
Von früh bis spät
Wär's mit uns was geworden

Selbstgespräch am Donnerstag gegen halb neun

Was willst du denn das Haus verlassen
Das Heil'genbild so schief da hängt
Hast dir dein Bündelchen gepacket
Hätt'st lieber es im Teich versenkt
Meinst denn, dein Weg wird kürzer werden
Der Weg zu Gott ist immer gleich
Ach, willst nun runter zu den Toten
Mein Freund, bist längst im Totenreich

Anne und Horst

1.

Wir hätten es gerne vorher gewusst. Horst K. glotzte wie ein Fisch und dachte an Schuhe. Nein, es tut mir leid, sagte er, und begann sich aufzurichten. Hier ist nicht der Platz, an dem ich gerne arbeiten möchte. Horst K. war nun Mitte vierzig, knapp eins-achtzig groß und nicht alleine. Draußen vor dem Fenster Vögel. Das ist das einzig Sympathische an diesem Bunker, dass sie nicht diese dämlichen Drähte gegen Tauben auf ihren Fenstersimsen haben. Horst K. war müde. Er schaute seinem weiblichen Gegenüber noch einmal in die Augen und es tat ihm im selben Moment schon leid, dass er sich das nicht erspart hatte. Danke, sagte sie noch, dass Sie nicht unnötig unsere Zeit verschwenden, danke für Ihre Ehrlichkeit. Horst K. war schon am Gehen, als sie noch mal zu sprechen begann. Nein, das war nicht mehr an ihn gerichtet. Sie sprach in eine Art Diktiergerät, oder was auch immer. Horst K. hatte sich aber schon umgedreht. Einen Moment zu lange blieb er stehen und betrachtete das Zimmer.

Unten auf der Straße war Oktober. Die Sonne, die sich auf seinem Herweg mit dem Straßenbelag und den Hecken auf der nicht bebauten, anderen Straßenseite, ihre Spielchen lieferte, schien nun anderweitig zu tun zu haben. Horst K. fröstelte und er fand auch keinen Grund, ein ausgedehntes Wäää zu unterdrücken, als er noch mal an die letzte halbe Stunde in diesem Bürohaus dachte. Man könnte sich schon wieder in solch ein Leben fügen, aufstehen, zur Arbeit gehen, trinken, schlafen, aufstehen. Es ist nichts wirklich Schlechtes daran, nur, es ist auch nichts wirklich Schlechtes daran, sich einen starken Strick zu suchen. Welches Grab denn nun, statt den beiden eben gerade vorgestellten, als nächstes dran war, konnte Horst K. im Moment noch nicht sagen. Nur dass es ein Grab sein würde, war ihm ziemlich klar, als er zu Fuß von der Melanchton- in die Lutherstraße einbog.

2.

Anne K. stand auf. Den leeren Kaffeepott zur Spüle bringend, klagte sie ihrem Schöpfer die Schmerzen im Kreuz. Heute ist er auf Arbeitssuche. Ganz toll. Wir wissen doch, wie das ausgeht. Er wird keine Arbeit haben, dafür aber am frühen Abend, pah, am späten Nachmittag, vollkommen besoffen hier auftauchen. Mir wäre es ja egal, doch wenn wir beide zu wenig haben, kann es doch nichts werden. Pah. Es ist doch schon nichts geworden und es ist verfahren und es ist auf eine schlechte Weise einfach. Er wird es nicht gebacken kriegen und ich kann ihm deswegen nicht einmal ernsthaft böse sein. Vielleicht ist das wirklich keine gute Welt. Vielleicht hätte ich mich nicht mit ihm einlassen sollen, was habe ich denn erwartet? Er wird auf jeden Fall wieder betrunken sein und das bisschen Geld ist dann auch fort. So ein bisschen Geld kauft ein bisschen Essen, auch die Tabs für die Spülmaschine, auch die eine oder andere Schachtel Zigaretten. Egal, ich kann auch abspülen. Das habe ich früher auch gemacht. Jahrzehnte lang.

In letzter Zeit kann ich mit ihm nicht mehr reden, wenn er betrunken ist. Das ist nicht gut. Das tut mir nicht gut und das merkt er und das macht es nicht besser. Früher wohnten wir zentraler und trotzdem war seine Trinkerei, bei all den Möglichkeiten, vergleichsweise unter Kontrolle. Ein, höchstens zweimal die Woche, bekam ich am Nachmittag den Anruf aus der Kneipe. Du, ich bin... und so weiter. Ist nicht schlimm. Für mich war es nicht schlimm. Ich wollte einen Mann und keinen Typen, den man sich aufs Sofa setzt. Auch das Raue, das das Trinken in den Männern hervorruft, hat mich nie gestört. Ich konnte es sogar genießen, manchmal, und es waren gute Tage.

Als meine Mutter noch lebte, war es einfacher. Einfacher mit ihm. Ich glaube, sie hatte eine Art, die etwas in ihm beruhigte. Er kam damals wegen irgendeiner Kleinigkeit vorbei und blieb bei ihr in der Küche sitzen. Manchmal denke ich, die Zwei hätten mich gar nicht dabei gebraucht. Sie konnten Stunden damit verbringen, kleine Renovierungen zu planen, die nötigen Sachen zu besorgen und sie führten dann alle Arbeiten auch tatsächlich aus, wobei sie sich über ein anschließendes, meist recht aufwendiges, Abendessen unterhielten. Horst konnte damals, so scheint es mir heute, noch Dinge zu Ende bringen. Er war pünktlich und verlässlich und es wirkte so auf mich, als ob ihm das alles eine Freude und keine Pflicht war. Damals wäre ich manchmal lieber am Abend ausgegangen, anstatt in der überheizten Küche meiner Mutter zu sitzen, doch heute würde ich mir nichts sehnlicher wünschen, als einen solchen Abend. Vielleicht würde ich begreifen. Vielleicht würde ihn das heilen. Vielleicht würde mein Begreifen seine Wunde heilen, die doch so sehr die meine geworden ist. Sicherlich, auch damals trank er. Ja, wirklich wenig trank er nie und doch war es ein anderes Trinken. Und er war damals auf keinen Fall das, worüber ich mir heute nicht mehr sicher sein kann: ein Trinker. Wir verbrachten Tage miteinander und er liebte mich. Er konnte mir das mit den Augen sagen und sie sagten mir auch, dass er glücklich war. Immer hatte er seinen Werkzeugkasten dabei, immer gab es etwas zu schrauben, etwas anzu-malen, etwas in Ordnung zu bringen. Jetzt im Oktober wäre die Spitzelzeit gewesen. Er konnte Stunde um Stunde in dieser Küche stehen und uns beim Backen zusehen. Einen Kaffee oder ein Bierchen in der Hand. Er konnte so versonnen dreinschauen, dass ich ihm alles glaubte und ich konnte ihm glauben und er hat mich nie verlassen, und ich glaube, er hat mich nie wirklich betrogen.

Manchmal in der Nacht, ich hatte damals noch das Zimmer in der Wohnung meiner Mutter, hörte ich sie singen. Beide einen zu viel im Tee und sie sangen und sangen. Es müssen auch Lieder aus der Jugend meiner Mutter gewesen sein, die er da lernte. Richtig verstan-den habe ich bis heute nicht, was die beiden verband, aber sie schienen dieselbe Luft zu atmen und ich - ich wurde geliebt. Vor dem Krieg lebte meine Mutter in der Nähe von Gleiwitz, im heutigen Polen. Horst wur-de nie müde, sich die Geschichten dieser alten Frau anzuhören. Ich glaube, hätte es Horst nicht gegeben, ich wüsste nichts von meinem Onkel, dem beim Glas-blasen die Lunge geplatzt ist und auch nichts von Mutters Opa, der nach seinen Kneipenaufenthalten von seiner Frau zu hören bekam: Ein Ochs der sauft, braucht nichts zu fressen. Auch würde ich nicht wis-sen, dass er in späteren Jahren völlig orientierungslos durch den kleinen Ort da drüben in Polen getappt ist, und ihn die Leute, fremde Leute, mitsamt seinen Hausschuhen wieder heimbrachten. Ich würde nicht wissen, dass wir da drüben noch Verwandtschaft hatten, die ebenso trinkfreudig und redselig war, wie meine Mutter und mein Horst. Mein Horst, wie lange habe ich ihn nicht mehr so genannt. Ach Horst.

3.

Am Bahnübergang in der Rodacher Straße musste Horst K. warten. Man kann hier sehr weit den Schienen entlang schauen. Als würde das etwas bedeuten. Vielleicht bedeutet das etwas für einen jungen Mann, nicht aber für Horst K. Nicht heute und nicht morgen. Die Schienen verlaufen wie in einen Traum hinein, doch da hinten ist kein Traum, da hinten ist Rödental, ist Neustadt, und Horst K. glaubte nicht daran, dass da eine Ortschaft kommen würde, die ein Traum ist. Viel Gegend. Viel Draußen. Viel Wind. Supermärkte, um Essen in Wohnungen zu bringen, die keine Wohnungen sind. Vielleicht Wohnungen, aber keine Lebungen. Ach Horst, dachte sich Horst K., du bist doch selbst froh, wenn etwas im Kühlschrank ist. Nein, froh ist das Wort nicht, nach welchem du suchtest. Du bist doch selbst ohnmächtig, wenn etwas im Kühlschrank ist, ebenso wie du ohnmächtig bist, wenn da die Leere wohnt. Anne würdest du das nicht sagen. Anne könnte das treffen. Es muss noch gut sein, wenn etwas im Kühlschrank ist, zumindest darf es noch nicht egal sein, wenn da nichts ist. Anne hat das nicht verdient. Alles! Alles! Alles! All das hat sie nicht verdient. Die Menschen, die im langsam fahrenden Zug sitzen, wissen gar nicht, dass das Leben hier aufhört. Sie fahren vorbei. Vorbei an ihrem eigenen Ende. Horst K.! Du fährst doch nicht vorbei an deinem eigenen Ende! Du nicht! Du willst es durchschleichen.

Sodass es dich nicht hört. Wenn du dich langsamer bewegst, als dein eigener Untergang, kann er dich vielleicht nicht finden. So oft schon über diese Schienen. So oft schon der Blick hinüber in Richtung Schießstand, ohne ihn jemals zu erreichen, denn deine Straße endet hier. Sie endet in einem roten Backsteinhaus mit einem Türmchen, einem schmuddeligen Eingangsbereich, Treppenhaus und einer Heimat. So viel Heimat, in die du nicht kommen kannst, in der du nicht bleiben kannst. Hier endet für heute deine Straße, Horst K. Und es ist nicht das schlechteste Ende, beileibe nicht.

4.

Horst hatte es gelernt Briefe nicht zu öffnen. Ich habe das von ihm gelernt und habe es wieder verlernt. Horst kann das noch. Manchmal beneide ich ihn darum. Manchmal kauft er ein und wir frühstücken wie die Könige. Vier verschiedene Marmeladen, Wurst und Käse von der Käsetheke. Den besten Kaffee und wir haben im Hintergrund Cat Stevens oder Leonard Cohen laufen. Eher selten, aber manchmal eben doch noch, die Beatles. Horst scheut an solch einem Morgen den Umweg nicht und bringt mir etwas Schönes aus dem Blumenladen. Er küsst mich und er liebt mich. So, wie er mich immer geliebt hat, so wie er mich immer lieben wird, egal was kommt, ganz egal, und ich erfriere, wenn ich an ein Leben ohne Horst denke. Ich erfriere, wenn ich leben soll ohne ihn. Ich erfriere, wenn ich weiter leben kann ohne ihn. Es war nicht einfach in den letzten Jahren, sicher nicht. Seltsamerweise haben der ganze Müll, die ganzen Schwierigkeiten, uns nicht stärker gemacht. Horst nicht und mich auch nicht. Von anderen Paaren hört man das oft, dass sie durch Probleme stark wurden und zueinanderfanden. Horst und ich fanden nicht zueinander. Nicht durch Probleme und nicht durch den Alkohol, der auch mir, wenn auch auf andere Weise als bei Horst, zum zeitweiligen Begleiter wurde.

Ja, wir konnten zusammen trinken und es waren wahrlich Feste. Wir hörten unsere Musik und wir waren gleichzeitig hier, waren gleichzeitig an unserem ersten Abend, gleichzeitig bei unserem ersten Frühstück in der Mohrenstraße, waren gleichzeitig in Mutters Küche. Welch ein Trost aus dieser Gleichzeitigkeit erwächst. Anarchistische Küchen-Müllberg-Romantik in der Wohnung ehemaliger Freunde und auch die gemeinsam gekannten Toten waren hier. Es gab die Stille und es gab Horsts jungenhaftes Gesicht. Mein staunend in sich ruhendes Lieblingsgesicht. Niemals werde ich aufhören, darauf zu warten und dann werde ich sprechen. Ich werde sagen: Was ist nur passiert? Ich werde fragen: Wie konnte das passieren? Und ich werde nicht weinen. Ich werde diesen Horst am Arm nehmen und werde ihn bitten, werde ihn anflehen, dass er mich mitnimmt, wenn er schon selbst nicht bleiben kann. Dass er mich mitnimmt und wenn es in das Schloss der Schneekönigin selbst geht. Ich werde an seinen Beinen hängen und ich werde mit ihm sterben, mit ihm leben, mit ihm sein. All die Türen sind nicht für mich geeignet. Ich will sie nicht. Ich will nicht besser, ich will nicht weiter, ich will nicht mehr – ich will nur mit. Mitgenommen werden, wohin auch immer die Reise geht.

5.

Am Tresen sind hier am Morgen schon Leute. Vielleicht ist das der menschlichste Zug dieser Stadt. Wer weiß? Vielleicht wird es noch ein paar andere Ecken geben. Vielleicht sogar Menschen, doch ich würde sie wahrscheinlich nicht mehr hören. Nicht mehr zuhören können. Nicht mehr lange genug zuhören können. Aber es könnte genau so gut sein, dass da keine Menschen sind. Hier drinnen geht es nicht nach Menschen oder nicht. Hier ist nicht Welt, hier ist Ballett, hier ist Theater ohne Drehbuch und an guten Tagen ohne Handlung. Hier herrscht ein Hauch von Ewigkeit, jedenfalls am Morgen. Hier herrscht ein Hauch von „es ist immer so gewesen", und wenn Horst K. genau hinschaute - und Horst K. wollte genau hinsehen -, dann fand er in sich selbst diesen Hauch. Ist es möglich, dass ich immer schon hier war? Horst K. bestellte sich einen Kaffee, der hier bis zwölf nichts kostete, und setzte sich so in den immer offenen, kleinen Nebenraum, dass er den Tresen im Blick hatte. Drei heutige Zeitungen lagen noch ungelesen vor ihm. Erwachsene Kinder des Wirts tranken, einen Tisch weiter, zusammen mit ihren Partnern und einem mittelalten Paar aus der Nachbarschaft, ihren Kaffee. Es ist so still unter alledem, dachte Horst K. und zündete sich, aus der eben vom Wirt gebrachten Schachtel, eine Zigarette an. Die Zeitungen wird Horst K. heute nicht lesen, nicht mal aus Verlegenheit.

6.

Ich hätte darauf bestehen sollen, dass er mir etwas Geld da lässt. Wahrscheinlich dachte er, ich hätte noch irgendwo ein paar Mark. Die Miete für diesen Monat ist bezahlt, ja, das war nicht immer so. Horst hatte ein paar Tage, besser gesagt eineinhalb Tage, bei einem Bekannten mithelfen können. Horst kann, wenn er will, gut und schnell arbeiten. Das bleibt mir ein Rätsel, denn an den kleinsten Dingen hier zu Hause pflegt er zu scheitern. Sie zu verweigern. Sie ins Ewige hinaus zu schieben. Man könnte fast meinen, wenn Horst für andere arbeitet, hätte er sich nicht dabei, hätte sich einfach nicht mitgenommen. Hier aber hat er sich dabei. Immer. Und es scheint, er ist zu schwer für sich alleine, und manchmal, obwohl ich ihn sehr, sehr liebe, ist er auch zu schwer für mich. Er schaut so langsam, wenn auch nicht gequält. Er sagt zu allem ja, so machen wir es, und er macht es doch nie. Nicht mit mir und auch nicht alleine. Schranktüren schlagen hier gegeneinander, statt nebeneinander auf. Der Duschvorhang im Bad hängt nur noch an der Hälfte der Haken, an denen er hängen sollte. Die Küche hätte schon längst einen neuen Anstrich nötig. Die Wohnungstür ist von unserem Umzug vor 5 Jahren immer noch beschädigt. Horst sagte damals, das mache ich morgen. Ich muss mir nur etwas Wachs besorgen und dann ist das überhaupt kein Problem. Nein, es war kein Problem. Es war kein Problem, als uns ein alter Freund besuchte, ein alter Bekannter. Es war tausendmal kein Problem, als der Postbote klingelte und es wird kein Problem sein, wenn wir hier ausziehen. Ausziehen.

Würde Horst noch einmal mit mir umziehen? Am Ende noch weg aus dieser Ecke der Stadt? Wie würde er sich entscheiden, wenn ich ihn vor die Wahl stellen würde? Entweder fangen wir woanders noch mal ganz neu an, oder ich gehe. Dieses „Woanders" bedeutet für Horst natürlich, weg von dieser Kneipe. Dieses Woanders bedeutet für mich natürlich, Horst ist weg von dieser Kneipe. Nicht, dass ich mir sicher wäre, aber ein wenig Angst hätte ich schon davor. An den Tagen, an denen gar kein Geld da war, und sie reihten sich aneinander, war ich hier viel mit Horst allein. Er las. Er schrieb irgendetwas. Er schmiss irgendetwas in den Papierkorb. Er hörte Musik - 15 Minuten. Er blieb im Bad. Er stand am Fenster. Er setzte sich ohne Buch und saß. Das erschreckte mich am meisten. Einmal wollte ich sagen, Horst, wir haben doch uns, aber ich konnte nicht. Er war weder grimmig noch grantig, aber ich konnte nicht. Ein ganzes Universum stand dagegen und ich ging aus dem Zimmer. Ich weiß nicht, was das ist und was das war, doch ich glaube, ich habe mich davon nicht erholt. Vielleicht wir beide nicht. Ich würde mir wünschen, ich hätte das nicht erleben müssen. Die Schulden, die letzten außergerichtlichen Mahnungen, die Gespräche mit dem Vermieter, wenn es mit der Miete nicht klappte. All das konnte ich ertragen. Auch Horsts Wollen, mitten in der Nacht, wenn ich schlief, und nur Gott weiß, ob das wirklich Horst war, konnte ich ertragen. Ich konnte und ich kann das Lächeln im Gesicht der Mieter über uns ertragen, wenn sie mir mit ihren vollen Einkaufstüten und ihren ordentlich, ja fast schon liebevoll angezogenen Kindern im Treppenhaus begegnen. Ich kann den genervten Blick der Frau an der Kasse ertragen, wenn ich mich wieder einmal verrechnet habe, und nun die Naschsachen, vorbei an den anstehenden Kunden, zurück ins Regal bringe. Das alles kann man lernen, zu ertragen. Man kann lernen, zu gehen, auch ohne sicheren Boden unter den Füßen. Man kann sogar lernen, aufrecht zu gehen, wenn einem das Wasser bis zum Hals steht. Ja, das klingt gut. Vielleicht kann man nur durch dieses Wasser das aufrechte Gehen lernen. Ein schönes Bild.

7.

Damals gab es auch schon eine Kneipe. Damals, vor vielen Monden, als ich noch in der Lehre war. Horst lachte über die Monde und kam sich blöd vor. Damals war alles anders. Es gab Gespräche über Gespräche. Man schmückte sich mit Dichtern, die man gelesen hatte. Man schmückte sich mit Neins, die man dieser und jener, über einem selbst stehenden Person, zu verdauen gegeben hat. Und vor allem schmückte man sich mit der eigenen Zukunft. Es schien damals so viel möglich zu sein, und wenn ich heute die Augen aufmache, sehe ich den Preis dieser Möglichkeiten. Man kann schon leben. Man kann schon ein echtes Leben führen. Man kann schon atmen. Aber man muss den Preis dafür bezahlen. Ich konnte oder wollte den Preis dafür nicht bezahlen, dachte Horst K.. Jetzt zwingt mich das Leben, diesen Preis zu bezahlen, doch den Gegenwert, der vielleicht vor Jahren noch zu erzielen war, wird es nicht mehr für mich geben. Für mich kann nur noch der Gegenwert im Preis bezahlen selbst liegen. Was bedeutet das? Wir werden das heute nicht mehr klären, dachte Horst K., trank seinen Kaffee aus und bestellte ein Bier.

8.

Wenn man den Fußweg vorbei an der Heiligkreuz-
schule nimmt, am besten in den Morgenstunden, kann
man sich dieser Stadt nähern. Man kann lernen, zu
begreifen, dass hier alles war, bevor man selbst war,
und dass hier alles noch sein wird, wenn man nicht
mehr sein wird. Dieser Gedanke hätte von Horst sein
können. Vielleicht werden wir darüber lachen, wenn
ich ihm sagen werde, dass er mich angesteckt hat.
Horst wird das gefallen. Horst mag Gespräche, die
nicht wirklich wohin führen. Ebenso scheint er mehr
und mehr Gespräche zu hassen, die sich um praktische
Dinge drehen. Manchmal, wenn ich so am Reden bin,
über das Einkaufen, über die Baustelle in der Lossau-
straße oder sonst etwas, bekomme ich das Gefühl, ich
würde ihn beleidigen. Er schaut mich dann an, als
hätte ich ihm etwas weggenommen. So, als wäre da
eine Grenze überschritten worden, und vor allem, als
wäre mir diese Grenze bekannt und ich würde mich
absichtsvoll darüber hinweg setzen. Es passt alles so
ganz und gar nicht. Gerade Horst, der Stunden damit
verbringen kann, über die unbedeutendsten Themen
zu lamentieren, wenn er etwas getrunken hat. Da werden Sachen aufgerollt, die zwanzig Jahre her sind, und
die weder mit ihm, noch mit mir irgendetwas zu tun
haben. Wann ist Horst im Leben? Welcher Horst ist
dem Leben näher? Oder sind es immer beide? Oder ist
Horsts Verachtung gerade das, was das Beste in ihm
schützen will? Ich fürchte mich nicht vor seiner Verachtung, die ja nicht mich betrifft. Ich selbst gehöre
wohl fast noch weniger als Horst zu den Leuten, die in
der Gegend rumlaufen und andere lieb haben. Da ist
noch eher Horst in diesem Modus, wenn er am Trinken ist. Da werden für ihn plötzlich die Menschen

wichtig. Da kann er zuhören und da kann er Verständnis zeigen. Nein, hier lügt Horst nicht. Er lügt nicht, wenn er Verständnis zeigt und er lügt nicht, wenn er grausam verachtet. Es ist beides wahr, und das halte ich ihm zugute.

9.

Das Leben nach dem ersten Bier ist immer noch kein gutes. Die Finger sind noch nicht ruhig genug für die viel zu kleinen Schnapsgläser. Wie unpraktisch das alles sein muss, denkt Horst K., wie unpraktisch doch die Welt eingerichtet ist. Den Schnaps, den man brauchen würde, um das Zittern abzustellen, kann man erst trinken, wenn das Zittern nachgelassen hat. Für irgendetwas könnte das doch ein Bild sein, wird es sicher auch sein, doch das Wissen darum stellt sich nicht ein. Jetzt nicht. Und später nicht. Später, wenn ich in Gesprächen darauf verzichten werde, mich wieder zu finden. Wenn ich mich hinaustragen lasse in die Welt der Worte, in die Welt der Wichtigkeiten und Wirklichkeiten. Welch großes Glück ist es doch, sich unter den Zwangsläufigkeiten, unter der Dynamik eines Gespräches, nicht begegnen zu müssen. Wie einfach und klar erscheint mir Thema um Thema und welche Klarheiten haben selbst die Unlösbarkeiten an solch großen Tagen. Doch noch ist es nicht so weit. Die Stimme des Wirtes verheißt mir, dass er nun für eine halbe Stunde weg ist, und das bedeutet, dass ich mir mein nächstes Bier selbst holen muss, denn inzwischen sind die Kaffeetrinker vom Nebentisch auch weg. Mit langsamen Schritten nähere ich mich dem Tresen. Mehr schwebend, rollend, dampferhaft, als vorsichtig. Ein Blick durch das Fenster, während ich mich auf dem Barhocker niederlasse. Da draußen ist Tag und ich bin froh, dass ich hier drinnen bin.

10.

Neulich, als ich unterwegs war, um eine Salbe zu holen, begegnete mir ein alter Schulfreund. Es war schon nach Ende der Schulzeit, als wir damals für kurze Zeit so ein Händchenhalten-Ding am Laufen hatten. Klaus war sehr nett gewesen. Vielleicht war er zu nett, und wie mir scheint, hat sich das durch all die Jahre erhalten. Er plauderte über seine fast erwachsenen Töchter, über die Trennung von seiner Frau und über seine, nun schon nicht mehr ganz neue, Partnerin. Und er redete von Abstand und von der Chance, die sich im Alleinsein auftut. Der Chance, sich selbst zu begegnen. Richtig glücklich wirkte er nicht, und er schien auch zu merken, dass ich es merkte und er fragte mich schließlich mit der Miene eines nass gewordenen Pudels, ob ich einen Kaffee mit ihm trinken würde. Ich erfuhr an diesem Nachmittag, dass Klaus zwar eine Beziehung hatte, doch dass sie ihn geradewegs dahin zurückgeworfen hatte, wo er, nach seinen eigenen Worten, mit 17 wohl stehen geblieben sei. Er erzählte mir von Eifersucht und von einem Vertrauen, das man doch, so Klaus, gar nicht haben kann und er erzählte mir von Ausrutschern, von Racheaktionen, von der Möglichkeit einer Selbstaufgabe und von eben derer Nichtmöglichkeit. Ach Klaus, sagte ich, ach Klaus. Ich wusste wirklich nichts Besseres zu sagen. Ach Anette, sagte er, wenn du wüsstest. Dabei musste er fast lachen. Wir gaben uns die Hand zum Abschied und ich wünschte ihm alles, alles Gute. Und ich hatte mich wirklich gefreut, ihn wiederzusehen.

Ja, ich wäre wohl Anette geblieben. Ich wäre an der Seite von Klaus wahrscheinlich damals die Anette geworden. Wir würden nicht in der Stadt wohnen. Wir hätten sicher ein Auto. Pfarrer Falkenstein hätte uns getraut. Auf meinem Nachtschrank würde ein Bild von ihm stehen und auf seinem Nachtschrank ein Bild von mir. Wir hätten sicher Kinder gehabt, ich glaube, ja, ich glaube mit Klaus hätte ich Kinder gehabt. Wir hätten auch volle Einkaufstüten getragen. Am Dienstag käme das Brotauto und ich würde mit den anderen Frauen vorher auf der Straße stehen und wir würden reden. Ich hätte sicher auch die ein oder andere Freundin da draußen auf dem Dorf, da draußen im Vorort. Wir würden zusammen am Nachmittag ein Gläschen Sekt schlürfen, während die Kinder Hausaufgaben machen. Mit Klaus wäre es mir sicher möglich gewesen, ein paar Tage nach Venedig zu kommen. Er hätte sich rührend um meine Wünsche gekümmert und ich glaube, wenn ich es darauf anlegen würde, würde er das auch heute noch tun. Er würde sagen, ach Anette, ich habe dich immer schon so lieb gehabt und ich weiß auch, er würde in dieser Sache nicht lügen.

Anette wäre sicher eine selbstbewusste Frau geworden. Klaus hätte mir keine Möglichkeit versperrt und ich hätte Fuß gefasst, Fuß gefasst in diesem Leben. Die glitzernde Unwirklichkeit hätte den Fuß nicht in die Tür bekommen, das hätte ich verhindert. Ich hätte meinen Kindern ein zu Hause gegeben, und um die Weihnachtszeit hätten wir zusammen Plätzchenteig ausgerollt. Wir hätten die alten Stechformen meiner Mutter benutzt und es wäre so schön zu warm gewesen, wie es eben damals war. Die Kinder hätten vom Teig genascht und ich hätte mich umgedreht, um für die Kinder einen Hagebuttentee zu kochen. Und da wäre Horst gestanden. Horst in seiner Arbeitshose, seinem halb offenen Hemd, und wahrscheinlich hätte er sogar die Flasche in der Hand und eine Zigarette im Mund. Fremder kann so ein Fremdkörper in einer modernen Vorortküche nicht sein. Es ist davon auszugehen, dass er auch keine sauberen Schuhe anhätte, ich glaube, das hatte er noch nie. Er würde nach dem Teig greifen und sich eine Ecke nehmen. Er würde den Kindern zuzwinkern und sie würden ihn nicht kennen. Er hätte sein jungenhaftes Gesicht und er würde nicht sprechen müssen. Ich aber würde sprechen und ich würde sagen: Nimm mich mit, Horst. Nimm mich einfach nur mit. Von alledem will ich nichts wissen. Von alle-alledem hier... will ich nichts haben. Horst, nimm mich mit und lass mich nie, nie wieder allein. Ich würde gegen sein Schienbein treten und wir würden die Küche verlassen, das Haus verlassen, das Grundstück verlassen, und wir würden uns tragen lassen in eine Welt aus Leben, in eine Welt aus Angst zwar, und nimmer endenden Scherereien, doch in eine Welt aus Leben. Eine Welt, die dir den Sonnenstrahl gibt, den nur die bekommen, die gefallen sind. Und ich wäre wieder hier. Ich wäre hier bei dir, so wie ich es morgen früh sein werde. Vielleicht lege ich die Beatles auf und du wirst grinsen. Ich würde es mir so wünschen, dass du grinst. Und ich werde bleiben.

Hiobs Enkel

Mag sein, dass alles in den Welten
Mag sein, dass alles dir gehört
Was wächst und immer lebt auf Erden
Und was durch dich zum Himmel fährt
Die Erde selbst doch
Das ist meine
Und was ich bin
Mag's noch so klein
Du wirst es niemals
Haben können
Und ohne mich
Kann deins nicht sein

Jep

Gefundenes verlieren
Verlornes neu entdecken
Durch Nächte triumphieren
Wie Kinder hinter Hecken
Geheime Zigaretten
Und aus dem Altpapier
Ein Heftchen mit den Nackten
Das nenn ich LEBEN mir

Trost Nr. 124

Das Wissen, das schon weiß, ist dein
Doch ähnlich wie des Nachts im Traum
Fehlen die Augen und die Macht
Bist doch des Traumes Lenker kaum.
Und stehst doch auf, verkündest froh
Der Traum ist mein und so und so
Als läg's in deinen Händen.

Ob alles schon geträumt, fragst du
Wann es geschieht, wenn es geschah
Die Blume, die ich lange sah
Wie oft seh' ich sie stehen?

Wie oft gibt's dieses Zimmer hier?
In wie viel Welten dies Gedicht?
Und kann der, der von Wahrheit spricht
Ein andrer als der Narr wohl sein?

Gottesmörder

Darf's niemals nicht zeigen
Darf's selber nicht sehn
Sollt ich mich dir zeigen
Wirst du's nicht verstehn
Denn du darfst's nicht zeigen
's ist schlimmer als Schuld
Nur Wind in den Zweigen
Vom Baum
Keine Spur

Schwesterchen

Du wirfst mir vor
Du könntst mich nicht finden
In meinen Gesichtern
Da findest du nicht
Mein Gesicht

Würdst gern dich dran halten
Darum einen Film baun
Mit Ecken und Kanten
Und traurigen Tränen
So findest du nicht
Mein Gesicht

Du meinst, wenn ich so bin
Dürft' dabei nicht so sein
Und wenn ich so bin
Dann müsst ich auch so sein
So findest du nicht
Mein Gesicht

Du wirst es nicht finden
Weil du es so brauchst
Um etwas zu finden
Das Hirn dir verstauchst
Die einfache Wahrheit
Die taugt für dich nicht
Ich hab kein Gesicht
Ich hab kein Gesicht

Die Stadt

Die Stadt hat sich in den letzten zwanzig Jahren auf eine boshafte Weise nicht verändert. So, als wollte sie zeigen, dass alles nur Traum war. Wenn alles vorbei ist, so sagt sie, wird sie sein, wie sie immer war, du nur, du nur hast geträumt. Sie scheut sich auch nicht, mit der Morgensonne zu kokettieren. Sie möchte dich dazu bringen, dass du ihre Zugehörigkeit zur Morgensonne anerkennst. Sie will dich glauben machen, du stündest allein. Die Stadt ist niemandes Freund. Sie lässt dich nicht gehen, sie lässt dich nicht bleiben. Sie ist dir über. Sie lacht dich aus, wenn du davon sprichst, sie zu verlassen. Sie lacht dich aus, wenn du anderswo lebst und denkst, du hättest dich von ihr befreit. Sie hat dich. Ihre Augen leuchten. Dich in eine Liebe zu ihr zu flüchten, wird dich nicht vor ihr retten. Sie hat dich längst verdaut. Sie lässt nicht mit sich reden. Nenne sie nicht Heimat. Nenne sie Schmerz. Nenne sie das Sterben. Von mir aus nenne sie Leben, aber nenne sie nicht Heimat.

Für die Stadt kann man nichts tun. Wer immer auch vorgibt, etwas für sie tun zu wollen, kennt sie nicht. Sieht sie nicht. Hat sie vielleicht früher einmal gesehen, doch nun nicht mehr.

Sie sagt, sie wäre es, doch es ist die Dunkelheit und die nur auf der Gesichtshaut empfundene Kälte des Dezembermorgens. Der anheimelnde Geschmack von Pfefferminztee aus Plastiktassen gehört auch nicht zu ihr. Du hattest Kaffee zum Frühstück und diese Art Macht besitzt sie nicht. Jedoch kennt sie dich - du hast keine Chance.

Zeigt sie dir die Plätze, zu denen sie gingen? Die, die vor dir waren? Lässt sie dich über ihre morbiden Schätze stolpern? Wie aus Versehen? Rost und bröckelnder Putz als Beweis für irgendwas? Gar als das letzte Argument, von dem sie weiß, dass du es fressen wirst? Das, was du sagst, glaubt sie dir so wenig, wie du es selbst glaubst. Sie weiß zu viel. Sie hat dich am Zügel. Du kannst wählen, was immer du willst – du hast keine Wahl. Sie ist in dir.

Besuch in einem Lokal

Sie könnten es merken
Pass auf!
Sie haben schon Spur aufgenommen
So zu schauen wie du
Kann verräterisch sein
Sie müssen dich töten
Um nicht zu verbrennen

Keine Wendemöglichkeit mehr vor dem Abgrund

Ein König ohne Volk bin ich
Ein König ohne Gott bin ich
Wie hinter Glas, kann mich nur selbst berühren
Und wenn ich schrei' in meinem Wahn
Und klatschend auf die Knie mir hau
Kann mich doch keiner hören

Ein Gott, der einen König schafft
Ohne nicht gleich ein Volk dazu
Macht mir und sich nur wenig Freud
Nur Totenstille - Friedhofsruh

Was nützt mir dieses Herrscher sein
Was nützt der ganze Himmel mir
Wenn keiner ist, mit dem ich's teil
Wenn niemand kann ganz nah zu mir

Spirituelle Freunde

Ans rettende Ufer
Sie wollen dich ziehen
So hungrig, vergiftete Augen
Bis du ihnen glaubst
Was sie selbst doch nicht glauben
Und sie würdens so brauchen
Dass du ihnen glaubst
Um sich selbst all den Unsinn zu glauben

Anfang und Ende

Anfang

Zu jeder Meinung
Fünf dagegen
Zu jeder Liebe
Fünfmal Angst
Zu jedem Glauben
Fünfmal Zweifel
So fängt es an
So fängt es an

Ende

Zu jeder Meinung
Fünf dagegen
Zu jeder Liebe
Fünfmal Angst
Zu jedem Glauben
Fünfmal Zweifel
So bleibt es dann
So bleibt es dann

Nicht so ganz

Ich flog im Himmel und ich stürzte
Doch
Ich flog nicht so ganz
Und ich stürzte nicht so ganz
Ich liebte
Und ich liebte nicht so ganz
Ich war mit mir
Und war mit mir nicht so ganz
Und schlief mit ihr
Und schlief mit ihr nicht so ganz
Und ging kaputt
Und ging kaputt nicht so ganz
Und tanzte aus meinen Ruinen
Und war der Tanz nicht so ganz

Häschen hüpf

Hinter ihr Bücher. Vor ihr Rechnungen. Tageslicht. Ohne Worte durch den Vormittag. Letzte außergerichtliche Mahnung. Zweite Mahnung. Hilbigs Provisorium aufgeschlagen, umgedreht auf dem Sofa. Seit Wochen. Drei Tage Alkohol hinter sich. Das sollte erst mal reichen. Keinen größeren Streit angefangen. Gut. Hier ist nichts. Ein Lächeln: Wo werden wir sein, wenn der Sommer vorbei ist? Nein, jetzt keine englischen Texte ins Deutsche zerren. Gesterntag.

Der Kaffee fängt mich wieder auf, denkt sie. Doch wofür? Wofür fängt er mich wieder auf? Zwei Zimmer könnte man als aufgeräumt bezeichnen. Die Küche müsste gemacht werden. Ein Topf mit Nudelsuppenresten auf dem Herd. Gestern seit langem mal wieder gekotzt. Ekelhaft so ein Topf! So schön ekelhaft. Gummihandschuhe finden sich hier nicht, jedoch in ihrem Kopf. Ist etwas falsch daran, Gummihandschuhe im Kopf zu haben? Tränen, tränenlos, Tränen, tränenlos. So ein Käse. Worüber sollte man auch weinen? Können Eltern ihre Kinder wirklich Vivian nennen? Vielleicht hatte sie sich eben verhört. Vivian, komm her! Vivian, komm sofort her! Gott im Himmel, bin ich froh, dass ich nicht diese Vivian bin. Dann schon lieber verklebter Topf. Vivian sein, und den ganzen Scheiß noch vor sich haben, nur um zu sehen, wie alles zu nichts führt. Ach, sind wir heute wieder die Königin der Melancholie? Erbsenprinzesschen mit Katzenjammer und Gummihandschuh im Kopf? Die Kakteen müssten rein. Es wird kälter werden.

Sterbe ich, wenn ich hier bleibe? Wenn alles verklingt, ist dann irgendwann einmal alles verklungen? Ist das dann das Sterben? Kann man auf diese Art Selbstmord begehen? Einfach hier bleiben, bis man tot ist? Macht man sich schuldig dem Schöpfer gegenüber, wenn man bleibt? So lange, bis einfach kein neuer Ton mehr kommt? Bis alles sich zu Ende dreht? Bleiben! Ein schöner Tod, könnte ich mir vorstellen. Mir ist heute nicht nach heulen. Heulen ist auch nur so ein Nichtsterben. Bleiben mag der Schlüssel sein - vielleicht.

Am Ende werde ich dann so eine Vivian. Wiedergeboren und zwei Jahrzehnte diese Stimme in den Ohren. Vivian, komm sofort her. Vivian dies, Vivian das. Scheiße. Das nun wohl doch nicht. Dieses Drecks-Mist-Sterben könnte einen in eine noch größere...

Also von daher bin ich mit meinem Klebetopf gut weggekommen. Das nenne ich Trost. Gummihandschuhe, die nicht mehr im Kopf sind, kann es doch eigentlich nicht geben. Trotzdem, so scheint es mir, sind sie weg. Das sind feine Gedanken. Ganz, ganz feine Gedanken. Ein Himmel ohne Gott. Dieses "ohne Gott" ist ganz schön groß in so einem Himmel ohne Gott. Mit Jacke wäre es nicht so kalt. Ein Hartwurstbrot? Salamibrot muss es wohl heißen. Büchsenmilch sagt man auch nicht mehr und von einer guten Tasse echten Bohnenkaffees...

Himmel und Hölle wurde gespielt in dieser Guten-Tasse-Echter-Bohnenkaffee-Welt. Ich glaube, mir war das immer schon zu blöd, aber ich bin gehüpft. Damals wie heute. Und Gummitwist und Hagebuttentee und B-Brot und Schnelzgummi-Schießen auf Joghurtbecher. Hüpf, hüpf, hüpf. Armes Häschen bist du krank, dass du nicht mehr hüpfen kannst? Häschen hüpf, Häschen hüpf, Häschen hüpf.

Die vielen Versuche, das Hüpfen zu beenden, müssen als gescheitert angesehen werden. Es hüpft einfach weiter, dieses Häschen, ob es mir nun davor graut oder nicht.

Die kleine Straße hintenrum

Sie fesselten und schlugen dich
Mein Freund, warum bist du zurückgekommen
Hast doch gesehn, was sie dir nicht genommen
Mehr war noch nie und mehr wird niemals sein

Wohlan! Nimm an dich das Geschenke
Von größ'rem Glück kann kein Geschenk je sein
Was sie dir niemals nehmen können
Wird niemals dir genommen sein

Probleme mit der Eigenliebe

Du willst mir begegnen
Und willst auch du sein
Wie sollte das gehen?
Wer sollte ich sein?
Willst du einen Toten
Zum weiter Du sein?
Kannst du noch nicht sterben,
Dann bleibst du allein.

Vierter Halbzeitstand von links

Ein neues Lied, ach Gott wie schien's
Mir hell zu scheinen in mein Loch
Sah in den Himmel, dachte da
Gehör' ich hin - und komme doch
Ach nur von da, von diesem Nichts
Nun Freund und Lehrer sag es dir
Offen heraus ins Angesicht:
Betrug ist's übelster Natur

Um mich herum sie wollen Brot
Für was ich sprengte manche Fessel
Nun ich mit Ihnen Brot zwar esse
So wie mit Geistern die ich schuf

Und zeig mir den, der das ertragen
Der frei ist in dem Totenland
Der sich das Loch, aus dem er kroch
Nicht malt idyllisch an die Wand
Und starrt es an, erschrocken, bleich
Und fragt sich, was ist nur geschehn
Für die, die in die Freiheit gehn
Willst wirklich du ein Führer sein?

Kirchen

Er sah wohl auf dem Weg zur Schule die Sonne auf den Häuserwänden. So muss es gewesen sein. Er roch wohl in der kühlen Morgenbrise, einer Vergiftung gleich, diese andere Luft. Diese Luft, von der sich keiner mehr ganz erholt. Diese Luft, in der das blüht, was nicht blühen darf. Es wird sich nicht auswachsen. Wir müssen ihn töten. Wenn wir ihn auch heute nicht töten dürfen, müssen wir ihn verhindern. Die Worte seines Mundes sollen niemals fallen auf guten Boden. Wir werden ihn benennen. Solange er nicht weiß, dass er ein solcher ist, werden wir ihm 6000 Jahre Geschichte auf den Rücken binden, und wir werden ihm zeigen, was es heißt, ein Mensch zu sein. Wir werden die, die seiner Art waren, loben und ehren. Die, die wir, würden sie heute leben, nicht leben lassen dürften. Und wir werden ihm sagen, ein solcher bist du aber nicht. Sie waren aus einem anderen Holz als du. Wir werden ihm zeigen, wessen Kind er ist und wir werden ihm, während wir ihn streicheln, nahelegen, die Kirchen in den Dörfern verbleiben zu lassen. Freundschaftlich, väterlich. Wir wissen, wir können dieses Spiel nicht gewinnen, aber für Jahrzehnte können wir ihn binden. Er wird uns in dieser Zeit nicht schaden. Wir verstricken ihn in unsere Gesetze und Gebote und lassen ihn an seinem Menschsein verzweifeln. In gewissem Sinne macht es uns diese Art sehr leicht. Und doch wird es nicht halten. Das Morgenlicht auf Häuserwänden ist keiner Kirche dienlich.

Jemand ist nicht gekommen

Im Zimmer bin ich ein Fremdkörper. Bin ungewollt, solange ich unbeweglich bin. Ängstlich fast. Der Monitor. Ich. Der Monitor muss sich nicht selbst kennen. Ich kann mich nicht selbst kennen. Bilder an der Wand scheinen gelogen zu sein. Alles bekommt erst Echtheit, wenn ich in Bewegung komme. Rechte Hand, kalt. Doch ich selbst? Wenn ich in Bewegung komme, werde ich dann echter? Ist nicht jedes In-Bewegung-Kommen fast so etwas, wie eine Flucht? Wenn ich in Bewegung bin, scheint mir ein Zuhause nicht so arg zu fehlen. Ich hätte etwas essen sollen. Weniger rauchen. Etwas trinken sollen. Lüften, verdammt noch mal, lüften. Wie lange sitze ich schon hier? Der Bauch knurrt. Die rechte Hand bleibt kalt. Die Füße umschlingen die Stuhlbeine. Wenn ich jetzt hier sitzen würde, und wäre tot, was wäre der Unterschied? An der Pinnwand das Bild einer Sonnenblume in einem grauen Hinterhof. Ein halbes Menschenleben, dieses Bild. Menschenleben. Visitenkarten auch. Was tue ich mir an? Warum hängen die da? Ich lüfte nicht. Ohne es zu merken, bin ich hier geblieben. Schreibe diesen Text. Berechtigt mich dieser Text, noch länger mit kranken Augen auf den Monitor zu starren? Hat er Wert? Ich bin leer. Wenn mir nur einer eine Lüge anbieten würde, die ich heute mit ihm leben dürfte, ich würde es tun. Wer sollte denn kommen? Jemand kam nicht. Jemand kam nicht. Manchmal möchte ich wissen, wohin meine Augen schauen? Durch den Monitor hindurch, weit, weit. Ich hätte essen sollen. Vielleicht dann ein wenig schlafen. Weg hier! Schlafen. Baden ist schön. Gestern erst. Wäre aber auch egal. Baden ist schön. Texte, in meiner

Sprache gesungen - hören. Wäre ich fast ein Dichter. In der Wanne. Mit den Texten. In der Sprache. Mir ist nicht kalt, aber unwarm. Unwarm, alles, alles, alles! Auch das ist gelogen. Macht nun auch nichts mehr. Jemand ist nicht gekommen.

Warum es diese Welten gibt?

Warum es diese Welten gibt?
Weil wir die Melodien tragen
Wenn wir der Stille nicht entsagen
Werden wir immer angesprochen sein

Ein jeder sitzt in seiner Kammer
Oder im Grünen - oder auf dem Dach
Wir können dieses Lied nicht hören
Wir denken nicht darüber nach

Wir spüren den Empfang und leiten weiter
Man kann nicht sagen, dass wir etwas tun
Ein jeder, der uns kennt, ist stets gescheiter
Wir war 'n es einst... Nichts davon sind wir nun

Durch wie viel Welten und Planeten
Durch wie viel Träume diese Melodie erklingt
Wie viel wir sind... ist niemals rauszukriegen
Doch spüren wir, dass da nur eines singt

Nackt wie der Himmel

Nackt wie der Himmel
Stand ich da
Nun bin ich wieder angezogen
Und träum wieder vom Regenbogen
Von drallen Fraun und rotem Wein

Und lass mir gern das Lied eingehen
Von einer Welt, die schöner ist
Und besser und ich will mit hin
Und reich die Hand
Die wieder ist die meine

Nackt wie der Himmel
Stand ich da
Der Hand glaub ich das mein sein nicht
Den drallen Fraun, den glaub' ich nicht
Dass sie wie einst die Einsamkeit zerteilen

Nackt wie der Himmel
Stand ich da
Ein Fluch ist's und kein Weg zurück
Wie lacht ich über Weltenglück
Wie bang ist's mir ums Herz nun mein

Nackt wie der Himmel stand ich da
Hatte den Mut und auch das Zeug
Im Untergang ein fröhlich Lied
Im Sterben die Ernsthaftigkeit

Zu Wüsten sprach ich, ihr seid ich
Von jedem Raubtier ließ mich fressen
Zum Feuer sprach ich, brenne mich
Zum Feind, dem Freund sprach, tu mich essen

Und schien elektrisch was zu sein
Ich rannte und ich langte hin
Und war ein Galgen aufgestellt
Wusst' immer ich, das machte Sinn

Nackt wie der Himmel
Stand ich da
Nun steh ich, mit den großen Augen
Und kann Gott diesen Scheiß nicht glauben
Und glaub, und glaub es einfach nicht.

Kreuzberg

Von der O-Straße zum Heini. So rum ist es schön. In meiner Welt. Meine Welt, das ist das Sitzen in Cafés und träumen. Keine Träume mehr von der großen politischen Idee. Keine Träume mehr von einem Paradies außerhalb meines Paradieses. Jedoch träumen. Bin viel kleiner geworden, stiller und so jung, wie ich es mit 4 Jahren war, und wie ich annehme, wie ich es mit 70 Jahren sein werde. Die Träume. Sie kommen und fahren durch mich hindurch. Durch den Heini und durch Berge von Vergangenheiten. Meist nicht die meinen, so die meinen.

Meine Unsichtbarkeit nimmt zu. Manchmal weicht ein Entgegenkommender ein wenig aus. Ich werde wahrgenommen. Dieser Körper scheint auf irgendeine Art noch wahrgenommen zu werden. Jedoch nimmt die Unsichtbarkeit zu. Das könnte Glück sein. Manchmal treffe ich auf einen, der mich erkennt. Ich weiß nicht, was er erkennt, aber ich weiß, dass er erkennt. Was immer es sein mag. Auch ich erkenne und weiß doch nicht, was ich erkenne, und weiß nur, dass es so etwas wie einen Unterschied gibt. Einen Unterschied der Bodenberührung. Einen Unterschied der letzten, nicht mehr vorhandenen Konsequenzen. Dieses „Erkanntwerden", ein Gruß, nur übermittelt durch uns, für wen und von wem auch immer. Früher fand ich mich manchmal in Unwirklichkeiten wieder. Erst unbehaglich. Später, so scheint mir, gewollt. Das ist her. Lange. Wie man's nimmt. Heute, so will es mir vorkommen, schaue ich zu dieser Unwirklichkeit hinauf. Hunderte von Metern. Und dort oben ist wieder der Bordstein und wieder die Straße. Glück. Die

Träume bringen immer seltener Bilder mit sich. Sie bespielen ein Instrument, von dem ich nichts wissen kann. Wenn es eine Grenze zwischen innen und außen gibt, und ich glaube nicht daran, wäre dieses Instrument innen. Als es für mich solch eine Grenze gab, ahnte ich nichts von einem Instrument. Warum nenne ich das noch Träume? Gewohnheiten der Sprache. Die Träume tragen mich durch das, was ich einst Tage nannte. Die Dunkelheit des Schlafes verlasse ich nun kaum mehr für diese Tage. Aus ihr heraus die Heinrichplatz-Sonne und die Oranienstrassen-Sonne. Und dieser Himmel über dem Heini. Himmel mag es überall geben, sicher, für jeden, davon spreche ich nicht. Ich spreche vom Himmel über dem Heini. Manchmal schneit es und ich kaufe mir ein Buch. Ich habe keine Angst mehr.

Beobachtung

Sie küsste ihn und lachte
Sie küsste ihn und lachte und lachte
Kann es mir bitte jemand erklären?

Gedanken beim ersten Bier

Keiner der zwei Leute neben ihm, waren ihm bekannt. Sicher, er hatte sie schon hier gesehen. Des Öfteren. Aber er kannte sie nicht. Seine Augen suchten einen Platz, an dem kein Angriff möglich war. Noch ist zu wenig getrunken. Noch brauche ich Schutz. Noch finde ich keinen Schutz. Die Luft ist nun im Oktober ziemlich kühl geworden. Gäbe es das Rauchverbot nicht, würde wohl keiner mehr hier draußen auf der Bierbank hocken. Im Körper bebt es vor sich hin. Die Finger umgreifen das Glas Bier, schnell, ruckartig. Jetzt nur nicht das Fingerzittern zum Thema machen. Hier muss man sich nicht gut kennen, um so ein Gespräch heraufzubeschwören. Warum bist du hier? Weil es der beste Platz der Welt ist, der furchtbarste, der schönste. Auf dem Briefkasten, hinter der einen Bierbank an der Mauer, war immer ein Aufkleber, sozialistische Jugend oder so was in der Art. Der ist nun weg. Kann mir auch nicht vorstellen, wer ihn hier hingeklebt hat. Wahrscheinlich ein Späßchen. Wahrscheinlich. Noch legt sich das Bier nicht über die offenen Nervenstränge. Noch ist die Unsicherheit der Bewegungen, die Unsicherheit selbst der Gesichtsmuskeln, zu beobachten. Es funktioniert immer nur eine Zeit lang, dieses Schauspiel. Dieses Schauspiel, sich wie einen Fremden zu beobachten. Ja, man kommt sich meist ziemlich schnell näher - näher, als man möchte. Ein bebender Körper. Unruhige Augen. Atmen.

Vor ein paar Jahren war er das erste Mal hier. Viel zu betrunken, um noch in eine weitere Gaststätte zu gehen, aber so war es nun mal. Er suchte seinen Onkel.

Nichts, was in den Jahren seitdem passierte, hat wirklich etwas geändert. Man hat den ein oder anderen Feind und den ein oder anderen, der einem aus dem Weg geht. Man hat Leute, mit denen man vorsichtig redet, wenn man noch nicht so viel getrunken hat und mit denen man nicht mehr vorsichtig redet, wenn man zu viel getrunken hat. Es hat sich alles schon längst gegenseitig aufgehoben und der Vormittag ist noch jung. Der Wirt ist über siebzig, miesepetrig, und doch für die Gäste da. Die Angst bindet mich an den Körper und der Körper bindet sich an die Angst. Nichts gäbe es hier wirklich zu fürchten, außer körperlicher Gewalt und vielleicht Lokalverbot. Die Furcht vor der eigenen körperlichen Gewaltanwendung und dem darauf folgenden Nachspiel kann auch aufkommen. Von daher wäre es besser, nicht hier zu sein. Es wäre überhaupt besser, nicht hier zu sein. Vielleicht wäre es besser, öfter hier zu sein, noch öfter – immer.

Es laufen Leute auf der Straße vorbei. Drüben ist ein kleiner Bahnhof. Hier ist ausgeklinkte Welt - und doch Welt. Die Bänke in der Kneipe haben zerrissene, mit Brandlöchern übersäte Polster. Manches macht mir Angst. Doch was ist Manches? Die Angst selbst macht mir Angst und diese ewig düstere Vorahnung.

Alles, was man macht, ist falsch. Wenn ich hier sitze und trinke, sollte ich lieber arbeiten, oder mich um jemanden aus der Familie kümmern, oder um einen Garten, oder um meine Psyche, oder um sonst was. Es gibt da keinen Ausweg, denn wenn ich arbeite, sollte ich mich vielleicht lieber um den und den kümmern, oder mir eine andere, mir besser entsprechende Arbeit suchen, oder vielleicht schnell Feierabend machen, um hier ein Bierchen zu nehmen. Und mit dem Trinken sollte ich aufhören. Immer wieder. Nun, heute vielleicht noch nicht. Irgendwann mal, und Gründe gibt es genug, doch keiner von ihnen trägt. Haben wir die Wahl?

Wenn nur noch Angst ist, ist auch irgendwie keine Angst. Eines der Tiere steht gewiss schon zur Rettung bereit. Jedoch wird es nicht bleiben. Vielleicht ist das das Drama. Es ist so scheiße-kalt hier draußen, nicht mal das ist uns geblieben, mir geblieben. Nicht mal die ganz normale Kneipe, in der man ganz normal rauchen kann. Alles ist so im Arsch, dass es fast schon wieder lustig ist. Ich lache nicht. Lachen ist noch nicht dran. Doch es wird kommen. Es wird kommen, wenn der Alkohol den Körper heilt. Wenn die Knochen nicht mehr einzeln in der Gegend rumstehen. Wenn die Beine wieder das tun, wozu sie gemacht sind: Tragen. Bald wird es ein Lachen geben und bald wird es sich ändern. Alles. Alles.

Es geht schon. Man kann eine Woche lang nichts trinken. Vielleicht auch noch eine zweite. Aber dann ist zu viel Sonne und zu viel Leben im Leben und das Leben schreit nach Leben und das Leben ist trinken, ist auch trinken. Und das Leben schreit nach einer Abbiegung. Es schreit!

Was ist denn Heimat? Ist Heimat ein Ort, ein Fleck auf einer Landkarte, auf dem mir die Straßenlaternen bekannt vorkommen? Ist denn Heimat der Blick auf die Häuser der Nachbarn, das Dröhnen von Gartengeräten und das Bellen von Hunden? Vielleicht ist das alles Heimat. Vielleicht ist auch der Blick aus dem

Fenster Heimat. Immer bekannt, immer fremd, immer fremder werdend, immer ungreifbarer. Da komme ich her. Da, wo ich jetzt bin. Und es klingt nur so unwahr, weil ich so kaputt bin. So falsch. So verlaufen. So haltlos und nicht haltlos genug. Was ist Heimat? Der Blick in den Spiegel. Das Gefühl in einem Körper zu sein. Der Traum von einer Zweisamkeit? Was ist Heimat? Was ist Heimat? Was?

Heimat kann man sich ertrinken. Man kann fühlen, wie sie sich über Anhäufungen von Steinen schiebt. So, wie sich der Alk über das offene, wunde Nervengerüst legt, so erschafft er auch das Außen. Da wird eine Stadt erst wirklich. Dadurch wird erst ein anderer Mensch eine wirkliche Bereicherung im Leben. Ein Mensch, der weiß, wer „Carolina in my mind" am schönsten gesungen hat und der weiß, dass er weiß, dass dieses Wissen zählt. Ein Mensch, der die Ecke kennt, in der wir sitzen und der auch schon manchen Aufschlag hinter sich hat. Einer der weiß, dass nichts wirklich irgendwo hinführt. Einer der das weiß, was ich vielleicht noch nicht ganz weiß, noch nicht richtig weiß, noch nicht in seiner ganzen Tragweite begriffen habe. Ergriffen habe. Doch selbst dazu scheine ich andere Hände zu brauchen.

Alles, was hält, hält nicht lange und so etwas wie Freundschaft gibt es hier nicht. Nein, das ist jetzt nicht der Moment, die Taschentücher rauszuholen, denn Freundschaft würde hier den natürlichen Ablauf der Dinge stören. Hier gibt es ein Theater und die Akteure erkennen sich oder irgendetwas an sich, wie im Vorbeigehen. Bestenfalls ein winziges Lächeln um die Lippen und das ist schon mehr, als es gebraucht hätte. Was immer Freundschaft sein könnte, hier ist sie fehl am Platz. Hier ist Raum für Dämonen und Raum für unbestimmte Erinnerungen, hervorgerufen durch hereinfallendes Sonnenlicht auf die Kneipenwandverkleidung. Vor allem am Morgen. Am Morgen ist diese Kneipe von einer Heiligkeit durchdrungen, von einem Licht genährt, von dem ich wissen möchte, wo seine Quelle liegt. Wo ist Heimat? Vielleicht bei dieser Quelle, wer weiß?

Ewiges Leben

Geboren in den Straßen
Aus den lichten Morgennebeln
Ist das Sterbebett mir hell
In die lichten Morgennebel

In der Kneipe

(Wenn sich Sonntag Nachmittag um vier die Kneipe füllt...)

...und du noch eben grade gehst
Und in den Lichtern liegt der Rauch
Und in dir drinnen liegt der Rauch
Luft aus dem Glas! Ein Schnäpschen auch

Im Reden wirst du schneller sein
Doch hörst du in das Reden rein
Durch alle Stimmen, was spricht da
Als wärst du überhaupt nicht da
Und fürchtest fast, man könnt' es sehn

Du hängst wie in 'ner Zwischenwelt
Das Bier das schmeckt, als würd's dir schaden
Doch eines geht auf jeden Fall
Hinein noch und vielleicht noch eins
Wir werden sehn, doch wärmer wird's nicht werden

Kartschevco

1.

Das Gesicht tief in den Arsch einer Frau gegraben. Wo sonst sollte Frieden sein? Kartschevco stand auf. Der Badezimmerspiegel, Alibert, zwei Schritte zum Klo. Milchglasscheibe. Klo. Badewanne vor dem Klo. Weisheiten in Spruchform. Vielleicht besser als gar keine Weisheiten. Also, lesen wir noch eine Zweite. Heute. Waschmaschine mit Trockner vorn an der Schiebetür. Kartschevco kann sie füttern. Bedienst du sie heute, Kartschevco? Taumeln wäre mir lieber. Taumeln ohne das gute, miese Gefühl, die Maschine befüllt zu haben. Befüllt mit viel zu vielen Aussagen, Aufgaben. Sei stolz, Kartschevco, heute nicht. Aufrecht in deinem Niedergang, Kartschevco, hörst du, Kartschevco, ich spreche noch vom Niedergang. Falsch, verlogen, fast tröstlich. Es Niedergang zu nennen, es heute so zu nennen, ja, das ist der alte Kriecher, das alte Kriechtier. Immer noch ist es da. Immer noch nimmt es dir das Letzte, das Allerallerletzte... was vielleicht noch... aber lassen wir das.

Kaffeewasser auf vier, dann waschen, dann auf neun. Was wirst du dir heute wieder einreden, Kartschevco? Was wirst du heute, wenn erst der Kaffee durch dein Blut fließt, beschließen, ab morgen zu sein? Ab heute? Jetzt machst du es aber lustig. Mach dir die Heizung an, Kartschevco, sonst frierst du wieder, Kartschevco. Setz dich mit dem Rücken zur Tür, Kartschevco, wir Guten können das. Und du bist doch ein Guter, Kartschevco, höre, du bist doch ein Guter? Erfreulich stabil, der Tisch, der Stuhl, der Boden. Altbau, Kartschevco. Gewünscht hast du es dir. Weißt du noch? Du hast Bücher, Kartschevco. Du wolltest sie verstehen, Kartschevco. Weißt du es noch? Ja, Kartschevco, im Arsch einer Frau ist Frieden. Tiefer Frieden. Wie eines Gottes Frieden. Unendlich, bis nichts mehr kommt. Ja, Kartschevco, so einen Frieden würde sich unser Kartschevco schon gefallen lassen. So viel Frieden. So ein friedlicher Kartschevco. Nicht wahr, Kartschevco?

Du hast Brot, Kartschevco. Aber die Zigaretten werden ausgehen. Du hast noch Kleingeld. Viel, viel Kleingeld, aber sehr wenig großes Kleingeld für den Automaten. Mir fallen Lieder ein, Kartschevco, dir auch? Nein. Dir wohl nicht. Kartschevco, höre. Lausche den Liedern. Du hast sie uns doch beigebracht. Und jetzt kennst du sie nicht mehr, Kartschevco. Kartschevco, man kann ein ganzes Leben nicht in dem Arsch einer Frau unterbringen. Kartschevco, es geht nicht. Nein, du kannst es nicht einmal in verschiedene Ärsche verteilen. Aber so leben sie doch! Was sagst du da, Kartschevco? Wer lebt so doch? Erfindest du dir wieder Leutchen um dich herum? Sind sie wieder schlechter als du? Hörst du, ich frage dich, sind sie wieder schlechter als du? Kartschevco, hörst du mich? Kartschevco!

Der Boden. Kartschevco. Der Boden macht mir dann noch Sorgen, Kartschevco. So wollen wir dann doch nicht untergehen. Auf diese Art wollen wir dann doch nicht untergegangen sein. Unrasiert, o.k. Dieses Bad, o.k. Aber, Kartschevco, der Küchenboden macht uns Sorge. Nicht wahr, Kartschevco? Wir wollen doch ein Blümchen auf dem Tisch und ein Kerzelchen. Kartschevco. Zu alledem ein Kerzelchen. Wovon willst du dich denn unterscheiden, Kartschevco? Von wem denn? Namen, Kartschevco. Namen will ich hören. Sei klar, Kartschevco!

Namen. Nun fallen wieder die Blättelchen von den Bäumelchen, Kartschevco. Sieh doch, Kartschevco, Zweigelchen und Traumgeäst. Wolltest doch im Raum zwischen den Zweigen verschwinden. Kartschevco? WEISST DU ES NOCH? Dein großer Eingang war das damals. Kartschevco. Da, wo alles möglich ist, Kartschevco. Der Raum zwischen den Büschen, Kartschevco, alles könnte darin erscheinen, Kartschevco. Ach, Kartschevco. Überzeugend warst du, Kartschevco, mich hättest du nicht überzeugen brauchen. Mir war das einerlei. Meine Unschuld trifft das nicht. Unbefleckt, Kartschevco. Und du?

Willst nun Brötchen holen, Kartschevco? Geh nur. Ich bleibe hier. Sieh dir die Luft an, Kartschevco. Erhasche das Licht in der Luft. Noch ist Morgen, Kartschevco. Den liebst du doch so, Kartschevco. Du Liebender. Hörst du? Hörst du, was ich sage, Kartschevco? Nichts als ein Liebender. Wo ist dein Kampf für das Geliebte? Wo ist deine eindeutige Aussage, deine Stellungnahme zu deiner Liebe? Du redest wie die Toten, Kartschevco, und lässt dich doch von ein wenig lichtem Morgennebel zurückholen, Kartschevco. Warum nennst du es zurückholen? Kartschevco, selbst dein Tod ist eine glatte Lüge. Erbreche doch alles, was nicht das Morgenlicht ist. Ach, Kartschevco, tief im Arsch einer Frau vermutest du Licht, oder deinen Tod, oder was? Kartschevco, sprich mit mir. Denn ich bleibe dir. Sprich mit dem, der immer schon den nächsten Schritt getan hat. Ist gruselig, nicht wahr? Armer, kleiner Kartschevco. Eine ganz, ganz böse Welt. Nicht wahr, Kartschevco? Die Welt ist doch böse? So viel Leid, Kartschevco. Nichts als Leid, Kartschevco? Ist der Arsch einer Frau dir auch zum Leid geworden? Heute? Wieder mal? Wieder mal nicht? Wieder mal? Wieder mal nicht? Wieder mal? Wieder mal nicht? Wir spielen Ringelreihen, Kartschevco. Immer mal wieder eine Umdrehung mehr. Nein, es ist kein Tanz, Kartschevco. Du tanzt doch nicht, Kartschevco. Weißt du es denn nicht mehr? Du tanzt nicht. Tanze, Kartschevco, tanze!

2.

Durchstreifst die Wohnung. Eine fremde Wohnung. Schön eingelogen als Fremder in einer fremden Wohnung. Kurz vor Mittag lässt die Wirkung deines Kaffees nach. Kurz vor Mittag lässt all dein Gefasel und Gedenke nach. Unerfüllbar die Pläne des Morgens. Unerfüllbar jede einzelne deiner selbst auferlegten Pflichten. Wird es heute doch noch die Waschmaschine werden? Wenn schon sonst nichts geht. Schnell das noch getan zu haben, bevor nichts mehr geht? Schon eine ganze Zeit nicht mehr in die Kneipe. Mit offenen Augen untergehen, nicht untergehen, auferstehen, was auch immer. Aber jetzt ist jedes Auferstehen so fern, wie es nur sein könnte. Onanie und schlafen, oder gleich schlafen. Ohne Onanie, ja, Kartschevco. Ohne Onanie, das sind so deine Träume. Und ohne Onanie in den großen, großen Tag, der da aufziehen will. Nicht wahr, Kartschevco? Er will doch aufziehen, dieser große Tag? Dein Tag wird es sein. Dein großer Tag, an dem es anders ist. Es wird der Tag sein, an dem du für das Licht eintrittst. Der Tag, an dem du

dich für den hellen Morgennebel einsetzen wirst?
Dann wirst du fliegen, Kartschevco? Hinwegfliegen
über all die, die dich bissen. Über all die, die ihre
kleinen, hässlichen Zähne in dein Fleisch warfen.
Hinwegfliegen über all die, die es mit dir gut gemeint
haben. Viele nanntest du Dreck, Kartschevco. War es
richtig von dir, sie Dreck zu nennen? Du bist feige,
Kartschevco. Sie Dreck zu nennen, ist feige. Male
Bilder, soviel du willst, freue dich, fürchte dich, mach
doch, was DU willst - jedoch, Kartschevco, höre mir
jetzt bitte zu. Jedoch, Kartschevco, deinen Wahn werde ich nicht teilen. Weißt du, Kartschevco, ich bin
nämlich stärker als du. Fantasien brauche ich nicht,
Kartschevco. Ich nicht. Und was noch wichtiger ist,
hörst du noch zu, Kartschevco? Und was noch wichtiger ist, ich halte sie aus, die Fantasien. Jede. Immer.
Schau mich an, Kartschevco, träume nicht, alter Ge-
selle. Wen erwarten deine müden Augen denn anderes? Bist du nicht der Freund der Wahrheit? Töntest
du nicht von der Wahrheit, die dich zur Wahrheit führen würde? Sag an, Kartschevco! Wie weit ist es nun
damit her? Wie viele deiner Sorte kannst du mit Namen nennen? Kartschevco, Wahrheit. Komm,
Kartschevco, nicht springen, bleiben. Ein Wort für
den Rest deines Lebens! Ficken? Gott? Kartschevco,
du großer Vertrauer auf die Wahrheit? Höre doch
mein kleines Lied. Es ist ein Lied von heimeliger
Traurigkeit. Schön zum Drinsuhlen. Ich halte dir diese
Tür offen. Tritt doch ein. Hier ist es behaglich,
KARTSCHEVCO, hörst du, behaglich. Magst nicht
beißen von meinem Apfel, du Stolzer. So krieg ich
dich denn wieder auf die Beine. Ein anderes Lied?
Woran der Herr wohl dachte? Wünschet der Herr ein
wenig Rausch in diesem Lied? Hinaustragend über die

Felder? Hinaus bis zu einer Bank mit Blick? Hinaus, dahin, wo sie sich küssen? Die Liebenden? Auf Bänken am Abend. An warmen Abenden. Da willst du hin? Und nur noch für eine der eine sein? Ganz ihrer? Wohl ohne Worte, Kartschevco. Ich glaube, wir sollten das mit den Worten in diesem Fall für immer lassen. Bücher, Kartschevco? Was redest du mir nun von Büchern? Würdest du dir selbst trauen? Mir trauen? Ich ziehe die Frage zurück. Ein Mädelein, ein Bettelein und beim Abendläuten mit Brot und Wurst geschwiegen. Im Bettelchen ganz reinlich sein. Und sollte es der Preis sein, ein paar neue Kinder kriegen. An fieberkranken Betten sitzen, ist das dir nun das wahre Leben? Geschichten erzählen, den Kindern, und schweigen mit der Liebsten? Kartschevco, höre. Du hast schon eine Liebste. Hat sie dich nicht hinausgetragen? Achtest du dich nicht gerade dafür, so weit hinausgekommen zu sein? Aber da waren keine Bänkelchen und Abendchen. Es war ein Abend, ja, Kartschevco. Ja, das stimmt. Ein Abend, so ganz ohne Geranien und weiße Wäsche. Und ohne aufrechten Gang. Und hat sich unser Kartschevco nicht so gesehnt? Nach diesem aufrechten Gang. Gereinigt. Ganz gereinigt! Wenn schon nicht erhellt, wenigstens ganz, ganz gereinigt. Aufrecht! Auuufrecht! Ein Mädelein, ein Abendlein und aufrecht. Mir schwellen die Füße. Hörst du, Kartschevco? Mir schwellen die Füße und du sagst mir nun, warum!

3.

Du hast geschlafen. Geträumt. Wieder nicht standge-
halten. Wieder erwacht, geflohen. Wer sollten sie
schon sein? Die hinter den Gesichtern. Die hinter den
Personen. Grauen, Kartschevco. Dein Grauen,
Kartschevco! Wovor will es dich wohl bewahren?
Krisensichere Feigheit, selbst im Traum. Wer sind sie
wirklich, die, die von dir erkannt werden? Erkannt
werden könnten, doch du erwachst. Kartschevco, ist
das ein Erwachen? Du Hund, sage mir, ist das dein
Erwachen, du Krieger der Wahrheit? Und fürchtest
dich vor der nächsten Nacht. Und fürchtest dich und
kein weiblicher Arsch ist in der Nähe, um darin endgültig unterzugehen. Tief und warm und weich. Wie
entgeht man einem Traum - ohne die Bereitschaft, ihn
zu träumen? Sag es mir, Kartschevco! Wie verbleiben
wir in dieser Sache? Hörst du, Kartschevco, wie wollen wir es in Zukunft handhaben? Sprechen wir wieder von anderen Leutchen? Gucken wir uns ein aufge-
nommenes Theaterstückchen an? Gute Autoren. Oder
wird es Onanie werden? Die Frage ist dir jetzt schon
abhanden gekommen, nicht wahr? Dankst du Gott für
diese Flügel? Sind das Gottes Flügel? Atmen. Rauchen. Es ist nicht mehr Tag. Es ist Nacht. Es ist Altbauwohnung mit Leerstand. Hörst du, Kartschevco,
mit Leerstand. Altbauwohnung und nur du und ich
und nachts. Willst du nun wieder ein Liedchen von
mir hören? Von tanzenden Elfen und Nächten mit
Gott? Oder Nächten mit Gott. Ich sehe, deine Reflexe
funktionieren noch, doch denke ich nicht daran, sie als
etwas anderes zu bezeichnen. Dann also kein Lied.

4.

Da wir schon mal da sind, was machen wir nun? Es findet hier Zimmer statt. Couch, Decke, Tisch, Fernseher, Rollos zu, Licht von oben. Licht von oben, das ist das Ende des Zimmers, doch die Augen schmerzen. Telefon ist im Nebenzimmer. Ein großer Lacher. Wem also doch? Kartschevco? Schläfst du schon im Sitzen ein? Ein gutmütiger alter Knabe, der nun friedlich nach Hause geht? Der wohl in seinem Leben manchen üblen Schnitzer gemacht hat, nun aber abgeschlossen hat? Mit sich und einer nie da gewesenen Welt im Reinen? Jetzt, Kartschevco, jetzt, wo deine Gedanken zäher fließen; jetzt, wo die Welt tun und lassen kann, was sie will? Jetzt willst du in sie heimkehren? Du, der du ihr auf die Schliche kommen wolltest? Willst, Kartschevco, willst. Ganz ohne Heimlichkeit und doch heimkommen. Wie ein Blitz, der es sich in den Tiefen der Erde gemütlich machen will, in die er eben noch eingeschlagen hat? Ist das das Schicksal des Blitzes? Ist das das Los des Einschlagenden? Nicht schlafen, Kartschevco. Nicht schlafen. Vergiss nicht, ein Traum geht nur für einen Traum. Vergiss es nicht. Versprich es mir. Und doch kannst du's nicht halten.

Erledigt

Erledigt hat sich dies und jenes
In meinem Zimmer hockt der Tod
Und fragt mich falsch und untertänig
Warum ich bleibe in der Not

Warum noch länger raus das zögern
Was mir bestimmt von Anfang an
Warum noch lächeln und sich regen
Gewinne gäb es dann und wann

Kann es doch selber nicht mehr glauben
Der Tod nickt weise und bewusst
Dass ich nicht widersprechen werde
Schau, keine Angst in deiner Brust

Ich bin doch Angst und deine Türe
So glanzvoll sie geworden scheint
Und weich und warm der Weg nach drüben
Endgültig bald mit mir vereint

So Tod, nun ist's genug gespielet
Wie Simson aus den Fesseln ich
Mich löse wie von jedem Weibe
Es ist mein Spiel ich brauche dich

Als Feind wirst du mir wenig taugen
Jedoch als Freund bist du mir nah
Denn in den toten Totenaugen
Ich das, was Leben ist, erst sah

In meiner Angst

In meiner Angst ist mehr von euch
Viel mehr noch als Dämonenflattern
Viel mehr noch als das laute Gackern
Von Hühnern mit 'ner Steuernummer

In meiner Angst ist mehr von euch
Ihr Guten, Andren, lasst euch sagen
Was gut ist an den guten Tagen
Ist fern von eurem Trauerspiel

Zum Vorwurf unterwegs verloren gegangen zu sein

Was soll ich noch sagen
So ist es
Was Besseres fand ich hier nie
Was soll ich noch sagen
So ist es
Und bleibe bei denen
Die sind so wie ich
Denn ich werd so bleiben wie sie
Und bleibe bei denen
Die mutig wie ich
Denn ich werd so bleiben wie sie

Vielleicht

Vielleicht um des Berührens Willen
Zwei Blätter, die fielen vom Baum
Nicht wegen Wind und Stürmen innen
Und reichen sich die Hand im Traum
Und lassen diese Hand nicht fahren
Weil sich das Weiterdrehn entfernt
Und beide diese Blätter ahnen
Wie richtig
Plötzlich
Alles
Ist

Ich habe Gott gesehen

's war Mittag oder kurz danach
Gelangweilt ich am Tresen saß
Und wusste nichts und kein wofür
Nicht Freude und kein Leid in mir
Nur Tötlichkeit und wieder Tag

Im Radio sprachen sie davon
Adventsgebäck hätt' gute Seiten
Ich mag den Advent sehr gern leiden
Verliert mich doch nicht übers Jahr

Die Tür ging auf und so als wär'
Ein Sturm in dieser Stadt zu wüten
Schmiss es 'nen kleinen Mann
Dicht nach der Tür an die Wand ran
Er schien mir nur so klein - ach meine Augen

Da stand er nun so neben mir
Fand sichren Stand und Halt am Tresen
Und wär er überm Meer,
Und wär er bei den Toten, er
Wär ferner mir nicht mehr gewesen.

Da hob er seinen Kopf, ich sah
Die blauen, grauen Trinkeraugen
Zum Wirt sprach er, ich war...
Drei Wochen Krankenhaus, ich war...
Der Wirt fragt nach, ja er, er konnt' es glauben

Den Kopf legt er zur Seite nun
Und lacht und strahlen diese schönen Augen
Als hätte er den Trick gemacht
Gefunden, was zu finden war
Kaputt bin ich, kaputt

Lass dir nicht

Lass dir nicht
Von
Seelenfressenden
Inhaltsversessenen
Spirituellen Dummschwätzern
Erzählen Freiheit sei nur
Im Inneren zu finden
Ihr Licht scheint nur heute
Und ihre alten Feigheiten
Untermauert nun
Mit wiedergekäuten Dummheiten
Letzten Wahrheiten
Glatt und ohne Nährstoff
Viele Wölfe verkleidet
Als Großmütter klar
Spielen sie das Spiel
Und sagen sich Nettigkeiten
Und an dem Tag
Den sie einen guten Tag nennen
Fühlen sie sich so
Wie sie meinen
Dass Großmütter fühlen
Lass dir von denen nichts erzählen
Du für den ich jede Zeile schreibe
Wer immer du bist, wo und wann immer du lebst
Es gibt so etwas wie Freiheit
Wir kriechen auf allen Vieren dort hin
Trotz manch zugeschlagener Tür
Auf wackligen Beinen
Mit zitternden Knien
Wir schlucken und machen große Augen
Es gibt so etwas wie Freiheit

Sie kostet ohne Ende
Sie kostet ständig alles
Sie kostet ständig ein wenig mehr
Als wir glauben geben zu können
Lass dich nicht
Wie schlecht und elend dir 's auch gehen mag
Trösten mit ihren gläsernen Worten
Worten der Wahrheit
In ihrem Mund
Faules Obst voll mit Würmern
Auch Wahrheit kann man lügen
Lass du dich nicht von denen streicheln
Kriegst sonst die Gänsehaut nicht mehr los
Und hältst am Ende sie noch für deine Einsamkeit
Es gibt so etwas wie Einsamkeit
Wir kriechen auf allen Vieren dort hin
Trotz manch zugeschlagener Tür
Auf wackligen Beinen
Mit zitternden Knien
Wir schlucken und machen große Augen
Es gibt so etwas wie Einsamkeit
Sie kostet ohne Ende
Sie kostet ständig alles
Sie kostet ständig ein wenig mehr
Als wir glauben geben zu können
Lass dir nichts
Von der Sinnlosigkeit allen Handelns erzählen
Lass dir nichts weismachen
Von Vierkantschlüsselköpfen im spirituellen Kleide
Alle Sinnlosigkeit der Welt
Klein wie das Universum
Groß wie ein Gefühl
Ist eh das Brot, das dir noch keiner nahm.

Du, für den ich diese Zeilen schreibe
Wann immer du kommen magst
Gedenke meiner
Wenn du aus dem Fenster schaust
Da unten bin ich gelaufen
Gekrochen, zerbrechend
Der Freiheit entgegen.

Dank

Ich danke Monika für die vielen Stunden Korrekturlesen. Ich danke ihr für das Mut machen von Anfang an. Ich danke ihr dafür, dass sie in unserem sechseinhalb Jährigen Beisammensein die täglich 90-malige Wortkombination "Karl Renz" ertragen hat. Vor allem aber danke ich ihr dafür, dass sie auch nach unserer Trennung weiter für mich und meine Texte da war. Für manchen Tritt in den Arsch habe ich ihr auch zu danken.

Ich danke Amina für das Korrekturlesen, für die stillen Gespräche und für den Glauben an mich.

Ich danke meiner Tochter Nadja, die wie eine Eins hinter mir gestanden hat, und mich immer wieder auf schlecht verständliche Textstellen aufmerksam gemacht hat. Ich danke Nadja, dass sie so viel dafür getan hat, unsere Homepage bekannt zu machen. Ich danke ihr für ihre Ehrlichkeit und ihren Mut hinzusehen. Und ich danke ihr für ihre Freundschaft.

Ich danke meiner Tochter Nicole für ihre Kritik. Ich danke ihr für jedes einzelne Kopfschütteln und jedes Augenverdrehen. Ich danke ihr für jedes befreite Lachen und für jedes Verbitten, die oben genannte Wortkombination in ihrer Gegenwart auszusprechen. Für das Korrekturlesen danke ich ihr sowieso, und, und, und...

Kontakt:
www.mondlichttraeger.de